Gabrielle Käser / Doris Müdespacher / Sibylle Siegwart

Lernwerkstatt Igel

1./2. Klasse

Kopiervorlagen mit Lösungen

Gedruckt auf umweltbewusst gefertigtem, chlorfrei gebleichtem und alterungsbeständigem Papier.

1. Auflage 2008
Nach den seit 2006 amtlich gültigen Regelungen der Rechtschreibung
© by Brigg Pädagogik Verlag GmbH, Augsburg
Alle Rechte vorbehalten.

Originalausgabe © 2003 elk *verlag* AG, CH-Winterthur, www.elkverlag.ch
Gabrielle Käser, Sibylle Siegwart, Doris Müdespacher
Igel

Das Werk und seine Teile sind urheberrechtlich geschützt. Jede Nutzung in anderen als den gesetzlich zugelassenen Fällen bedarf der vorherigen schriftlichen Einwilligung des Verlages. Hinweis zu § 52 a UrhG: Weder das Werk noch seine Teile dürfen ohne eine solche Einwilligung eingescannt und in ein Netzwerk eingestellt werden. Dies gilt auch für Intranets von Schulen und sonstigen Bildungseinrichtungen.
Illustrationen: Sara Keller

ISBN 978-3-87101-**383**-6   www.brigg-paedagogik.de

INHALTSVERZEICHNIS

4	Vorwort / Einleitung
5	Checkliste: Arbeitsaufträge und Material
9	Arbeitspass
10	Arbeitsblätter (AB mit * gibt es in 2 Versionen)

Wissen

10	AB 1 Der Igel
11	AB 2 Was frisst der Igel?
12	AB 3 Was frisst der Igel?
13	AB 4 Die Feinde des Igels
14	AB 5 Igelnachwuchs*
15	AB 6 Igelnachwuchs**
16	AB 7 Wohnort
17	AB 8 Was stimmt?
18	AB 9 Stimmt – stimmt nicht

Sprache

19	AB 10 10 Unterschiede*
20	AB 11 10 Unterschiede**
21	AB 12 Der Hase und der Igel*
22	AB 13 Der Hase und der Igel**
23	AB 14 Der Igel und die Straße
24	AB 15 Der Igel und die Straße
25	AB 16 Igelgedicht
26	AB 17 Da lachen die Igel
27	AB 18 Rätsel
28	AB 19 Mmh, feine Schnecke!
29	AB 20 Was für eine Geschichte!
30	AB 21 Wanderdiktat*
31	AB 22 Wanderdiktat**
32	AB 23 Kreuzworträtsel

Musischer Bereich

33	AB 24 Puzzle
34	AB 25 Igel-Domino
35	AB 26 Memory
36	AB 27 Laufigel
37	AB 28 Laufigel-Schablonen
38	AB 29 Ton-Igel

39	**Lösungen**
43	**Arbeitskarten/Auftragsbüchlein**

Kopieren Sie die Arbeitskarten doppelseitig und falten Sie sie.
So erhalten Sie ein fertiges Auftragsbüchlein für Ihre Kinder.

VORWORT / EINLEITUNG

Vorwort

Liebe Kolleginnen und Kollegen,

ENTSTEHUNG — unsere Unterrichtseinheit ist innerhalb eines Kurses „Individualisierender Unterricht" entstanden.
Im Zusammenhang mit dem Thema „Umwelt" hat uns der Igel als bekanntes und doch wieder unbekanntes Tier in unserer nächsten Umgebung sehr angesprochen.

ZIEL — Das Ziel unserer Unterrichtseinheit ist, dass die Kinder den Igel beobachten, erfahren und kennenlernen.

Wir wünschen Ihnen und Ihren Schülerinnen und Schülern dabei viel Vergnügen und möchten Sie ermutigen, Ihre eigenen Ideen und diejenigen Ihrer Klasse einzubeziehen.

Einleitung

Tiere sind bei Kindern sehr beliebt. Es besteht eine natürliche Neugier und ein großes Interesse, sich mit ihnen zu befassen, etwas über sie zu erfahren und eigene Erlebnisse auszutauschen.

DURCHFÜHRUNG — Es empfiehlt sich, die Werkstatt zwischen Frühling und Herbst durchzuführen, da während dieser Zeit die Möglichkeit besteht, den Igel im Freien zu beobachten. Lohnend ist auch der Besuch einer Igelstation.

INFORMATIONEN — Unsere Unterrichtseinheit baut darauf, dass die Lehrperson immer wieder Informationen über den Igel einstreut, die die Kinder für die Weiterarbeit benötigen. Für das soziale Lernen betrachten wir es als wichtig, dass dies im Klassenverband geschieht, z. B. zu Beginn der Lektion.

MITARBEIT DER KINDER — Bieten Sie den Kindern auch wiederholt Gelegenheit, ihre Arbeiten vorzustellen sowie ihre positiven und negativen Erlebnisse während der Arbeiten auszutauschen.

INDIVIDUALISIERUNG — Da das Lesevermögen der Kinder sehr unterschiedlich sein kann, gibt es oft 2 Arbeitsblätter in unterschiedlichem Schwierigkeitsgrad. Diese sind mit * (einfacher) oder ** (schwieriger) gekennzeichnet.

CHECKLISTE: ARBEITSAUFTRÄEGE UND MATERIAL

Der Igel
AUFTRAG Informationen über den Igel: Text lesen, Lücken füllen, Igel ausmalen.
MATERIAL AB 1, S. 10

Was frisst der Igel?
AUFTRAG AB 2: Text lesen, Fressen/Nahrung ergänzen.
AB 3: Bilder anschauen, durchstreichen, was der Igel nicht frisst.
MATERIAL AB 2, S. 11 und AB 3, S. 12

Die Feinde des Igels
AUFTRAG Text lesen, Feinde aufschreiben.
MATERIAL AB 4, S. 13

Verhalten des Igels bei Gefahr
AUFTRAG Das Verhalten des Igels bei Gefahr überdenken und nachvollziehen/nachspielen.

Igelnachwuchs (* und ** Version)
AUFTRAG Satzteile lesen, ausschneiden, richtig zusammensetzen, kontrollieren und ins Heft schreiben.
MATERIAL AB 5, S. 14 und AB 6, S. 15

Wohnort
AUFTRAG Informationen über die Aufenthaltsorte der Igel: Text lesen, Bild betrachten, die Igel finden und zählen, Bild ausmalen.
MATERIAL AB 7, S. 16

Bildbeschreibung
AUFTRAG Bild betrachten, Sätze formulieren und aufschreiben.
MATERIAL AB 7, S. 16

Was stimmt?
AUFTRAG Achtung: Dieses Arbeitsblatt kann erst gegen Ende der Werkstatt bearbeitet werden, da es eine Wiederholung des Gelernten zum Inhalt hat.
Sätze richtig ergänzen.
MATERIAL AB 8, S. 17

Stimmt – stimmt nicht

AUFTRAG Achtung: Dieses Arbeitsblatt kann erst gegen Ende der Werkstatt bearbeitet werden, da es eine Wiederholung des Gelernten zum Inhalt hat.
Sätze lesen, über den Wahrheitsgehalt entscheiden und in der Liste ankreuzen.
MATERIAL AB 9, S. 18

10 Unterschiede (* und ** Version)

AUFTRAG Genaues Beobachten: Die Kinder finden die 10 Unterschiede und zeichnen sie ein.
Achtung: Das 2. Bild auf dem AB 11 ist seitenverkehrt!
MATERIAL AB 10, S. 19 und AB 11, S. 20

Der Hase und der Igel (* und ** Version)

AUFTRAG Überlieferte Legende: Lese- und/oder kleines Theaterstück.
MATERIAL AB 12, S. 21 und AB 13, S. 22

Der Igel und die Straße

AUFTRAG AB 14: Bildergeschichte „Die Straße als größter Feind des Igels". Bilder ausschneiden und in die richtige Reihenfolge bringen.
AB 15: Satzteile richtig der Bildergeschichte zuordnen.
MATERIAL B 14, S. 23 und AB 15, S. 24

Geschichte (auf Kassette/CD) hören

AUFTRAG Die Geschichte anhören und jemandem weitererzählen, was man gehört hat.
MATERIAL Kassettengerät/CD-Player, beliebige Igelgeschichte

Tasten

AUFTRAG In die Schachtel greifen und die Gegenstände blind erraten.
MATERIAL Tastschachtel, verschiedene Gegenstände wie z. B. einen Apfel, eine Birne, ein Plastikei, einen Gummiball mit „Stacheln", einen Plastik- oder Blechvogel

Igelgedicht

AUFTRAG Gedicht lesen, auswendig lernen, besprechen und vortragen.
MATERIAL AB 16, S. 25

Da lachen die Igel
AUFTRAG Gedicht lesen, auswendig lernen, besprechen und vortragen.
MATERIAL AB 17, S. 26

Rätsel
AUFTRAG Die kleinen Rätselgedichte lesen und die Lösung aufschreiben. Ein Rätselgedicht auswendig lernen, besprechen und vortragen.
MATERIAL AB 18, S. 27

Mmh, feine Schnecke!
AUFTRAG Ausmalbild mit Anleitung: Anleitung lesen, verstehen und entsprechend ausführen.
MATERIAL AB 19, S. 28

Was für eine Geschichte!
AUFTRAG Bild betrachten, eine Geschichte dazu erfinden und aufschreiben oder sich ein kleines Theaterstück ausdenken.
MATERIAL AB 20, S. 29

Wanderdiktat (* und ** Version)
AUFTRAG Diktat/Satzstreifen ausschneiden uns an einer weit vom Sitzplatz entfernten Stelle im Klassenzimmer deponieren. Zu den Streifen gehen, den Satz einprägen und so Satz für Satz am eigenen Sitzplatz aufschreiben. Anschließend kontrollieren.
MATERIAL AB 21, S. 30 und AB 22, S. 31

Kreuzworträtsel
AUFTRAG Gelerntes vertiefen: Die Begriffe zu den abgebildeten Dingen finden und in das Kreuzworträtsel eintragen.
MATERIAL AB 23, S. 32

Puzzle
AUFTRAG Eines der beiden Bilder auswählen und ausmalen. Auf Karton kleben und in Puzzleteile zerschneiden. Puzzle zusammensetzen. Tipp: Die beiden Bildvorlagen zuvor vergrößern.
MATERIAL AB 24, S. 33

Igel-Domino
AUFTRAG Dominobilder ausmalen. Die Karten ausschneiden und das Domino spielen.
MATERIAL AB 25, S. 34

Memory
AUFTRAG Memorybilder ausmalen. Die Karten ausschneiden und das Memory mit verschiedenen Schwierigkeitsgraden spielen.
Schwierigkeitsgrad 1: Bild-Bild-Zuordnung
Schwierigkeitsgrad 2: Bild-Wort-Zuordnung
MATERIAL AB 26, S. 35

Laufigel
AUFTRAG Laufigel nach Anleitung basteln.
MATERIAL AB 27, S. 36 (Anleitung)
AB 28, S. 37 (Schablonen)
brauner Karton, Stift, Schere, Musterklammer

Ton-Igel
AUFTRAG Ton-Igel nach Anleitung basteln.
MATERIAL AB 29, S. 38
Ton, Zahnstocher, 2 kleine Steinchen

Arbeitspass

Wenn du eine Arbeit beginnst, malst du das Gras grün an.
Bist du mit der Arbeit fertig, malst du den Igel braun an.
So siehst du immer, wie weit du bist.

Der Igel

*Lies den Text und fülle die Lücken! Die Wörter unten helfen dir.
Male den Igel aus!*

Der Igel wird etwa _____ cm groß und wiegt dann rund 1 kg.

Auf dem Rücken und an der Seite wachsen dem Igel
harte, spitze _____.
Diese schützen ihn vor seinen Feinden.

Der Igel wird 2 bis 4 _____ alt.

Der Igel hat eine feine Nase und hört sehr gut.
Da er vor allem in der Nacht unterwegs ist, _____
er schlecht.

Stacheln – 25 – Jahre – sieht

Was frisst der Igel?

Igel jagen vor allem Regenwürmer, Schnecken, Raupen, Käfer und Spinnen. Manchmal finden sie ein Vogelnest. Sie fressen dann die Eier oder die jungen Vögel. Sie mögen aber auch tote Tiere, sogenanntes Aas. Früchte wie Birnen oder Äpfel lieben sie nicht so sehr. Diese fressen sie nur ausnahmsweise.

_____

_____

_____

_____

_____

_____

Was frisst der Igel?

Schau die Bilder genau an! Drei Dinge frisst der Igel nicht. Streiche sie durch und male die anderen Sachen aus!

Die Feinde des Igels

Lies den Text und schreibe die Feinde des Igels auf die Linien!

Der Igel hat nur wenige Feinde. Wenn Gefahr droht, rollt sich der Igel ein. Er wird dann zu einer stachligen Kugel und ist vor Feinden geschützt.
Einige Tiere können die Stacheln trotzdem überwinden, und zwar der Uhu, der Fuchs, der Dachs und der Marder.
Der schlimmste Feind ist jedoch das Auto. Viele Igel sterben, wenn sie die Straße überqueren.

_____

_____

_____

Igelnachwuchs*

Lies die Satzteile!
Schneide sie aus und setze sie richtig zusammen!
Kontrolliere und schreibe sie dann in dein Heft!

| Die Igelfrau |
| Sie baut ein Nest |
| Die Igelfrau zieht |
| Die neugeborenen |
| Die Mutter lässt |
| Die Igelkinder wiegen |
| Sie haben winzige, |

| aus Blättern und Gras. |
| sie Milch trinken. |
| 15 bis 20 Gramm. |
| ihre Kinder allein auf. |
| weiche Stacheln. |
| bekommt 3 bis 6 Junge. |
| Igelkinder sind blind. |

Igelnachwuchs**

Lies die Satzteile!
Schneide sie aus und setze sie richtig zusammen!
Kontrolliere und schreibe sie dann in dein Heft!

Die kleine Igelfrau

In einem Versteck baut sie

Die Igelfrau ist allein,

Die neugeborenen Igel sind blind und

Die Mutter lässt sie Milch trinken und streicht

Die Igelkinder wiegen

Sie haben

ein weiches Nest aus Blättern und Gras.

mit der Zunge über die kleinen Bäuche.

nur 15 bis 20 Gramm.

wenn sie ihre Kinder aufzieht.

winzige, weiche Stacheln auf dem Rücken.

bekommt 3 bis 6 Junge.

sehen erst nach 2 Wochen.

Wohnort

Igel wohnen an versteckten Plätzen. Sie lieben dichte Büsche, Laubhaufen und Holzstapel. Dorthin ziehen sie sich zurück und sind vor Feinden geschützt. Außerdem kann die Igelmutter hier ihre Jungen zurücklassen, wenn sie auf Futtersuche geht. An diesen geschützten Orten verbringen die Igel auch den Winter. Anfang November rollen sie sich ein und schlafen solange, bis es im Frühling wieder warm wird.

Zähle die Igel! Es sind ___ Igel.
Male das Bild aus!

Was stimmt?

Überlege, welches Satzende richtig ist, und kreuze es an!

Der Igel wird		1 Jahr alt.
		10 bis 20 Jahre alt.
		2 bis 4 Jahre alt.

Die Igel beginnen ihren Winterschlaf im		November.
		Dezember.
		September.

Igelkinder sehen erst nach		1 Jahr.
		2 Wochen.
		4 Wochen.

Igel fressen gern		Schnecken.
		Steine.
		Rinde.

Wenn Gefahr droht,		rennt der Igel weg.
		rollt sich der Igel zusammen.
		bleibt der Igel stehen.

Die Igelmutter bekommt		2 Junge.
		8 bis 10 Junge.
		3 bis 6 Junge.

Stimmt – stimmt nicht

Lies die Sätze genau! Setze dann deine Kreuze!

	ja	nein
Der Igel ist am Tag unterwegs.		
Im Winter schläft der Igel.		
Igel fressen Blumen und Heu.		
Die Igelmutter säugt die Jungen.		
Die kleinen Igelkinder sind blind.		
Igel wohnen gern am Straßenrand.		
Die Igelmutter polstert das Nest mit Blumen.		
Autos sind für Igel sehr gefährlich.		
Der Fuchs ist der Freund des Igels.		
Ausgewachsene Igel wiegen etwa 1 kg.		
Igel fressen sehr gern Vogeleier.		
Igel hören nicht gut.		

10 Unterschiede*

Finde die 10 Unterschiede!
Zeichne die fehlenden Dinge in das untere Bild!

10 Unterschiede**

*Finde die 10 Unterschiede!
Zeichne die fehlenden Dinge in das untere Bild!*

Der Hase und der Igel*

Der Igel hat Hunger. Er läuft zum Acker. Da kommt ein Hase. „Guten Morgen, Herr Hase", sagt der Igel höflich.

Aber der Hase ist nicht höflich. Er antwortet: „Gestern hat deine Frau ein Wettrennen mit deinen Kindern gemacht. Ha ha ha! Das sah lustig aus mit den kurzen Beinen."

Der Igel wird böse: „Glauben Sie, lange Beine sind besser als kurze? Wir machen ein Wettrennen. Wir sehen dann, wer schneller ist!"

„Gut", sagt der Hase. „Wer zuerst auf der anderen Seite des Feldes ankommt, hat gewonnen!"

„Einverstanden", antwortet der Igel, „aber ich muss zuerst etwas essen. Wir starten in einer halben Stunde."

Zu Hause sagt er zu seiner Frau: „Du versteckst dich am Ende des Ackers. Wenn der Hase ankommt, rufst du: Ich bin schneller!"

Der Igel geht auf die andere Seite. Dort wartet der Hase. Der Hase ruft: „Achtung – fertig – los!" Er rennt davon.

Der Igel versteckt sich. Am Ende des Feldes ruft seine Frau: „Ich bin schneller!"

Der Hase sagt: „Wir rennen noch einmal." So rennt er hin und her. Doch er verliert immer.

Zum Schluss hoppelt er langsam heim. Er weint fürchterlich.

Der und seine Frau aber lachen und meinen: „Besser Köpfchen als lange Beine. Nächstes Mal ist er wohl nicht mehr so frech."

Der Hase und der Igel**

Eines Morgens hat der Igel großen Hunger. Er läuft zum Acker, um Rüben zu suchen. Da kommt der Hase angehoppelt.

„Guten Morgen, Herr Hase", sagt der Igel höflich. Der Hase ist gar nicht höflich. Er antwortet: „Gestern habe ich mich über deine Frau und deine Kinder halb totgelacht. Sie haben Wettrennen gemacht. Ha ha ha! Das sah sehr witzig aus mit ihren kurzen Beinen."

Der Igel wird böse: „Glauben Sie vielleicht, Ihre langen Beine sind besser als meine kurzen? Wir veranstalten ein Wettrennen, dann werden wir ja sehen, wer schneller ist!"

„Gut", sagt der Hase, „ich bin einverstanden. Wer zuerst auf der anderen Seite des Feldes ankommt, hat gewonnen!"

„Einverstanden", antwortet der Igel, „aber erst muss ich etwas essen. Ich habe solchen Hunger. Wir starten in einer halben Stunde."

Zu Hause sagt er zu seiner Frau: „Du versteckst dich am Ende des Ackers. Wenn der Hase ankommt, rufst du laut: Ich bin schneller!"

Der Igel geht zum Hasen, der begierig auf das Rennen wartet.
Der Hase ruft: „Achtung – fertig – los!" und schon rennt er davon.
Als er am Ende des Feldes ankommt, ruft Frau Igel: „Ich bin schneller!"

Der Hase ist schon außer Atem und keucht: „Wir rennen noch einmal." Sofort saust er wieder los.

So rennt er hin und her. Doch er verliert jedes Mal.

Zu guter Letzt ist er total erschöpft und hoppelt langsam heim.
Er weint den ganzen Weg und versteht die Welt nicht mehr.
Der und seine Frau aber lachen und meinen: „Köpfchen ist besser als lange Beine. Das nächste Mal ist er bestimmt nicht mehr so frech."

Der Igel und die Straße

Schneide die Bilder aus!
Lege sie in der richtigen Reihenfolge und erzähle die Geschichte!

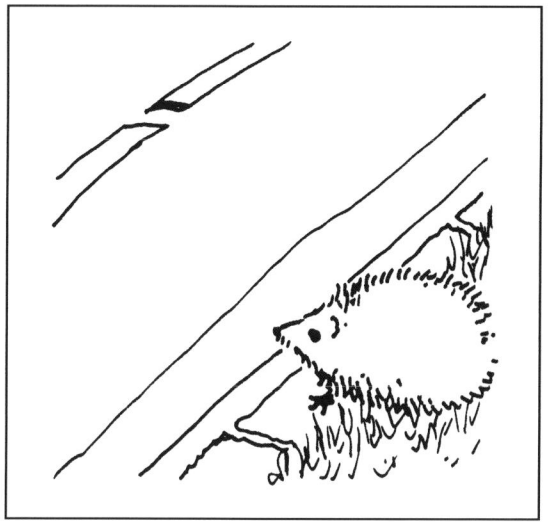

Der Igel und die Straße

Schneide die Sätze aus!
Lies sie und lege sie zum richtigen Bild!
Kontrolliere und klebe dann Bilder und Sätze auf ein Blatt!

Der Igel überquert die Straße.

Der Igel rollt sich zu einer Kugel zusammen.

Er hört Lärm.

Der Igel läuft schnell davon.

Das Licht des Autos blendet ihn.

Der Mann sieht eine Kugel auf der Straße liegen.

Es ist Nacht.

Er steigt aus dem Auto und sieht den Igel.

Sorgfältig trägt er ihn ins Gras.

Er erreicht den Straßenrand.

Ein Igel ist nachts unterwegs.

Glück gehabt, kleiner Igel!

Igelgedicht

Lies das Gedicht!
Lerne es auswendig!

Ich habe einen Kopf und vier Beine.
Doch bei Gefahr erscheine
ich ohne Kopf und Beine,
rund wie ein Ball,
mit Stacheln überall.

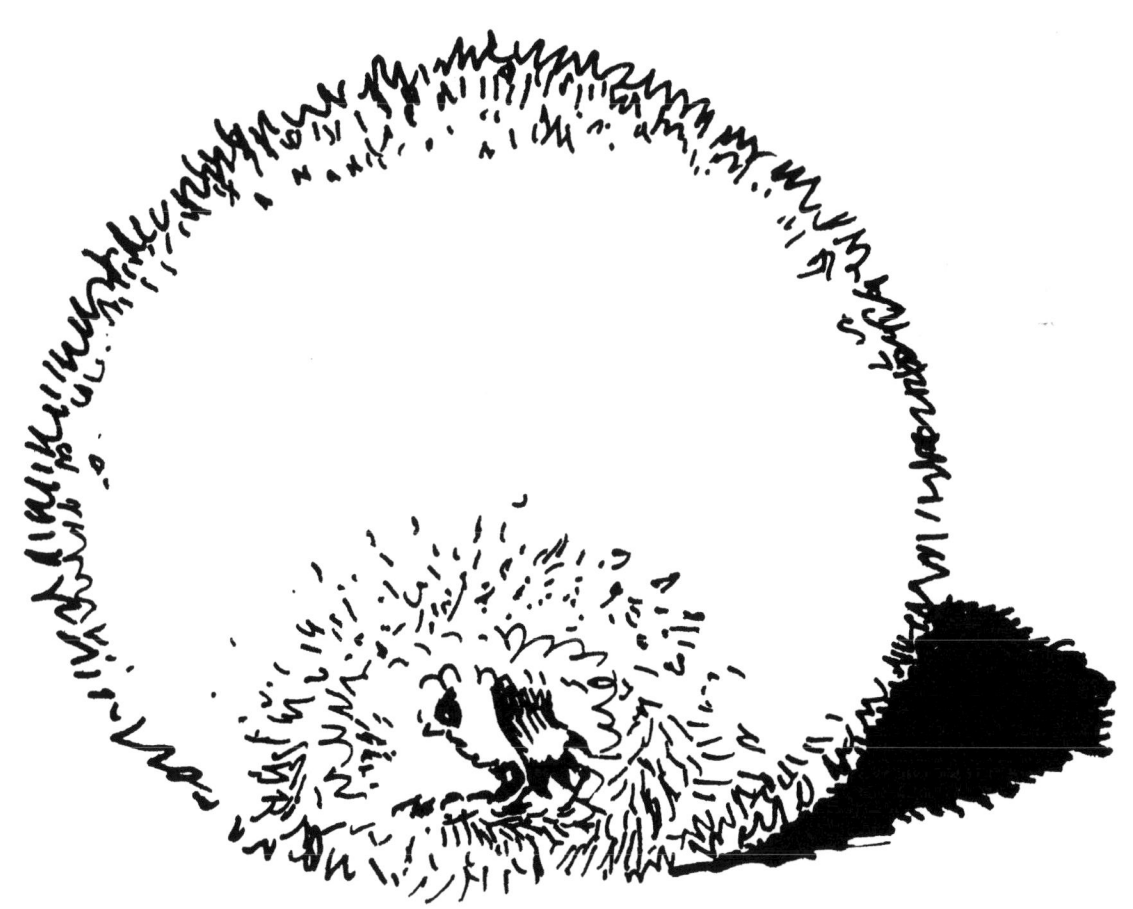

Da lachen die Igel

Lies das Gedicht!
Lerne es auswendig!

Am Straßenrand
ein Heuschreckenpaar stand.
Das hatte Stecknadeln zu verkaufen.
Da kamen drei Igel gelaufen.
Sie sahen das Nadelangebot
und lachten sich halb tot.
„Was unsereins mit Nadeln soll –
wir stecken ja selber mit Nadeln voll!"

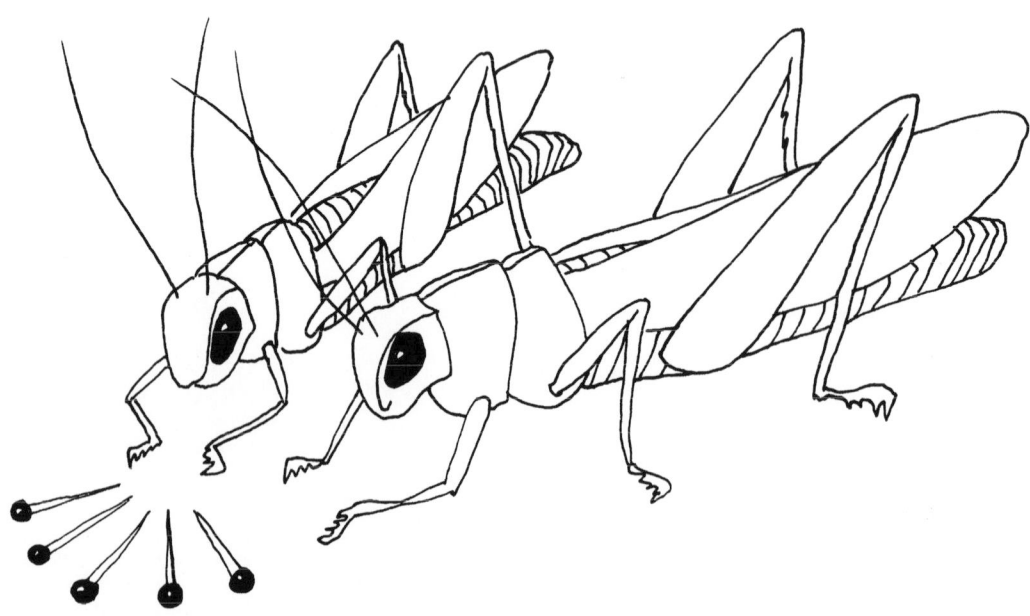

Rätsel

Lies die Gedichte und schreibe die Lösungen auf die Linien! Lerne ein Gedicht auswendig!

Das Tier, das wohnt im Garten.
Lass es nicht lange warten.
Es hat so viele Stacheln
wie ein Ofen Kacheln.

_____

*Er hat ein rotes Kleidchen an
mit vielen schwarzen Punkten dran.*

_____

Es hängt an der Wand
ohne Nagel und Band,
von jemand gewebt,
der krabbelt und schwebt.

_____

Bin kleiner als ein Mäuschen
und trag mein eignes Häuschen.
Es ist schön rund, hat keine Ecke.
Du kennst mich wohl, ich bin die

_____

*Ein großer Vogel tief im Wald
ruft nachts so, dass es schaurig hallt.
Was ruft er? Wie sein Name klingt's.
Du liest von rechts es wie von links.*

_____

Mmh, feine Schnecke!

Lies die Anleitung und male das Bild aus!

Die Igel sind braun.
Die Gießkanne ist rot.
Die Blumen haben gelbe Blütenblätter.
Die Blätter und die Stiele sind dunkelgrün.
Der Salat ist hellgrün.
Die Karotte ist orange. Das Kraut ist grün.
Die Steinplatten sind grau.
Die Schneckenhäuschen sind gelb.

Den Rest darfst du so ausmalen, wie es dir gefällt.

Was für eine Geschichte!

Was denken die beiden Igel?
Wie geht es weiter?
Schreibe eine Geschichte oder ein Theaterstück.

Wanderdiktat*

*Zerschneide die Satzstreifen und verteile sie im Klassenzimmer!
Gehe zu einem Streifen, lies den Satz und präge ihn dir ein!
Schreibe ihn dann an deinem Platz in dein Heft!*

Der Igel wohnt im Garten.
Er schläft unter der Hecke.
In der Nacht kommt er aus dem Versteck.
Er frisst Schnecken, Käfer und Würmer.
Fuchs und Uhu sind seine Feinde.
Autos sind sehr gefährlich für den Igel.

Wanderdiktat**

*Zerschneide die Satzstreifen und verteile sie im Klassenzimmer!
Gehe zu einem Streifen, lies den Satz und präge ihn dir ein!
Schreibe ihn an deinem Platz ins Heft. Kontrolliere anschließend!*

Der Igel wohnt seit letztem Frühling in unserem Garten.
Am Tag schläft er unter der Hecke in einem Laubhaufen.
Erst in der Nacht kriecht er aus seinem sicheren Versteck.
Er frisst Schnecken und Würmer und schmatzt laut dabei.
Er mag auch junge Vögel und tote Tiere.
Fuchs, Marder, Dachs und Uhu sind seine Feinde.
Leider überfahren Autos oft unvorsichtige Igel.
Im Herbst verkriecht er sich für den Winterschlaf.

Kreuzworträtsel

Schreibe die Namen der Dinge in die Kästchen!

Puzzle

Wähle ein Bild und male es aus! Klebe es auf einen Karton und zerschneide es dann mit geraden Schnitten! Setze es wieder zusammen!

Du darfst dein Puzzle mit nach Hause nehmen.

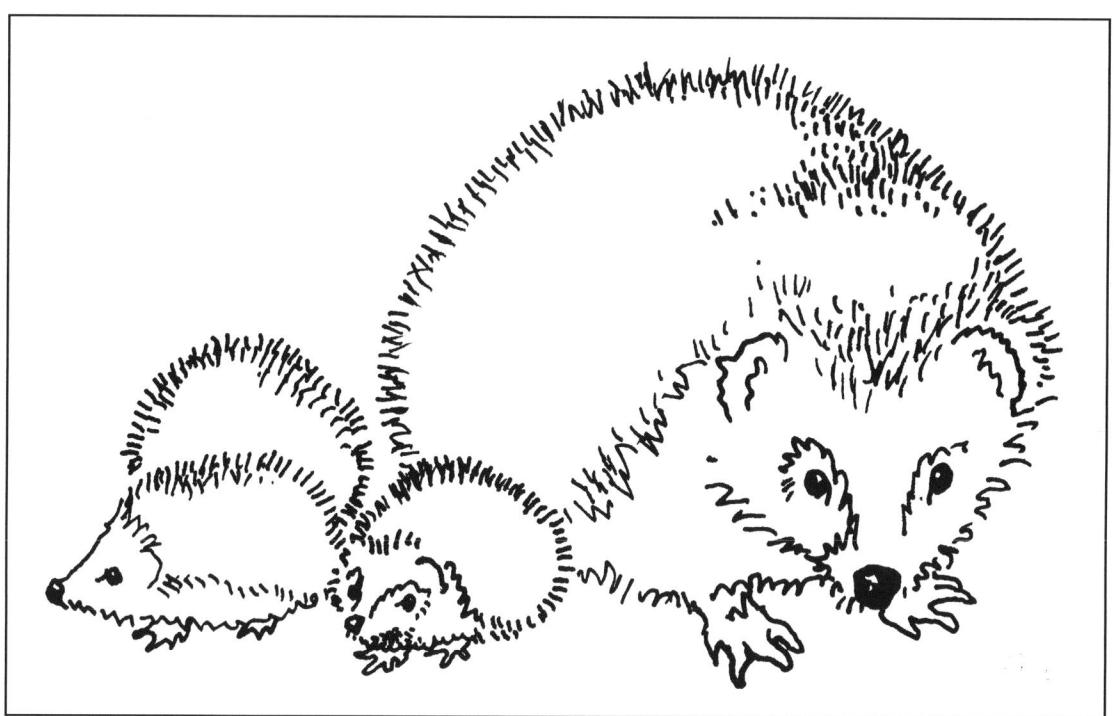

Igel-Domino

Male die Bilder aus! Schneide nun die Karten aus und spiele das Domino.

🪲	Igel	🦔	Wald
🌳	Apfel	🍎	Garten
🏡	Fuchs	🦊	Schnecke
🐌	Auto	🚗	Spinne
🕷️	Regenwurm	🪱	Uhu
🦉	Hund	🐕	Ei
🐣	Stacheln	🌾	Höhle
🕳️	Kugel	🌀	Dachs
🦡	Kohl	🥬	Käfer

Memory

Male die Bilder aus! Schneide nun die Kärtchen aus und spiele Memory!

		Dachs	Uhu
		Apfel	Auto
		Käfer	Igel
		Fuchs	Spinne
		Birnen	Eier
		Schnecke	Hund

Laufigel

Bastle den Laufigel nach der Anleitung!

*Du brauchst:
Igelschablone – Zahnradschablone – brauner Karton – Stift – Schere – Musterklammer*

1. Umfahre die Igelschablone und die Zahnradschablone auf braunem Karton!

2. Schneide beide Umrisse aus!

3. Zeichne dem Igel ein Gesicht!

4. Durchstoße die Löcher mit der Schere!

5. Schiebe eine Musterklammer durch beide Löcher und biege sie auseinander!

6. Lass deinen Igel laufen!

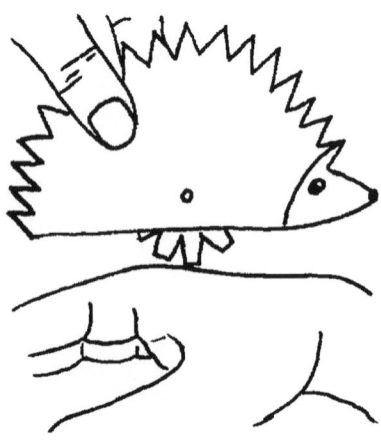

Laufigel-Schablonen

Schneide die beiden Schablonen sorgfältig aus!

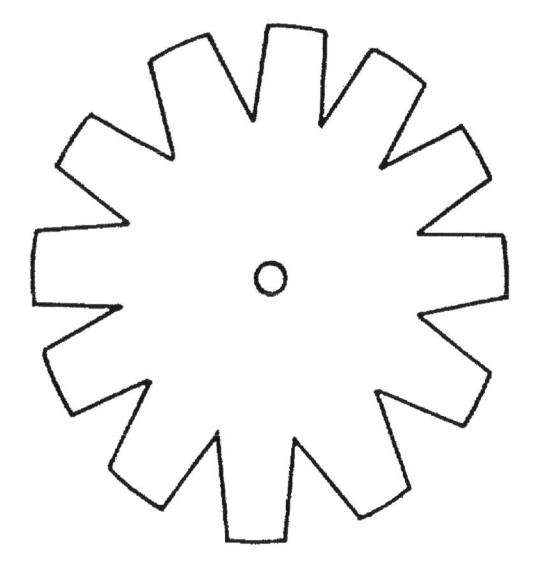

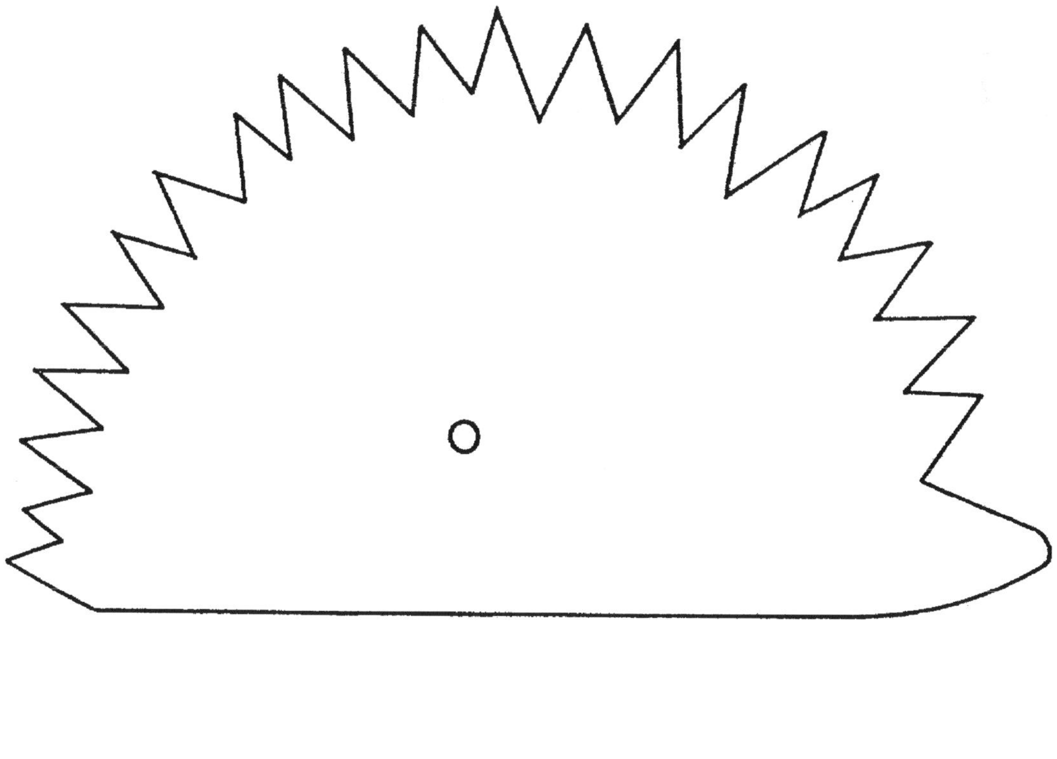

Ton-Igel

Bastle den Ton-Igel nach der Anleitung!

1. *Nimm ein Stück Ton!*
2. *Knete es gut und forme dann daraus eine Kugel!*
3. *Auf einer Seite drückst du den Ton zu einem Schnäuzchen zusammen.*
4. *Nimm Zahnstocher und drücke sie als Stacheln in den Ton!*
5. *Nimm nun zwei kleine Steinchen und drücke sie als Augen in das Igelgesicht!*
6. *Lass den Igel einige Tage trocknen!*
7. *Wenn du Lust hast, kannst du den Igel noch anmalen.*

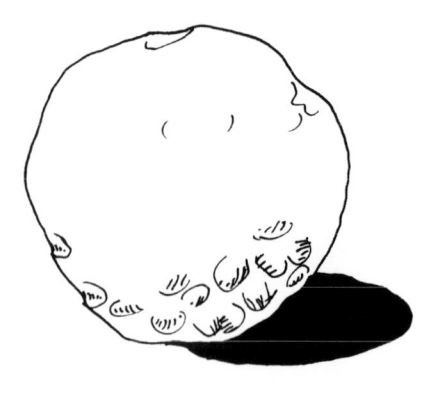

Viel Spaß!

Lösungen

S. 16 / AB 7 - **Wohnort**

Es sind 7 Igel.

S. 17 / AB 8 - **Was stimmt?**

			1 Jahr alt.
	Der Igel wird		10 bis 20 Jahre alt.
		x	2 bis 4 Jahre alt.

		x	November.
	Die Igel beginnen ihren Winterschlaf im		Dezember.
			September.

			1 Jahr.
	Igelkinder sehen erst nach	x	2 Wochen.
			4 Wochen.

		x	Schnecken.
	Igel fressen gern		Steine.
			Rinde.

			rennt der Igel weg.
	Wenn Gefahr droht,	x	rollt sich der Igel zusammen.
			bleibt der Igel stehen.

			2 Junge.
	Die Igelmutter bekommt		8 bis 10 Junge.
		x	3 bis 6 Junge.

S. 18 / AB 9 - **Stimmt – stimmt nicht**

	ja	nein
Der Igel ist am Tag unterwegs.		x
Im Winter schläft der Igel.	x	
Igel fressen Blumen und Heu.		x
Die Igelmutter säugt die Jungen.	x	
Die kleinen Igelkinder sind blind.	x	
Igel wohnen gern am Straßenrand.		x
Die Igelmutter polstert das Nest mit Blumen.		x
Autos sind für Igel sehr gefährlich.	x	
Der Fuchs ist der Freund des Igels.		x
Ausgewachsene Igel wiegen etwa 1 kg.	x	
Igel fressen sehr gern Vogeleier.	x	
Igel hören nicht gut.		x

S. 19 und S. 20 / AB 10 und AB 11 - **10 Unterschiede**

S. 27 / AB 18 - **Rätsel**

Marienkäfer – Igel – Spinnennetz / Spinne – Schnecke – Uhu

S. 32 / AB 23 - **Kreuzworträtsel**

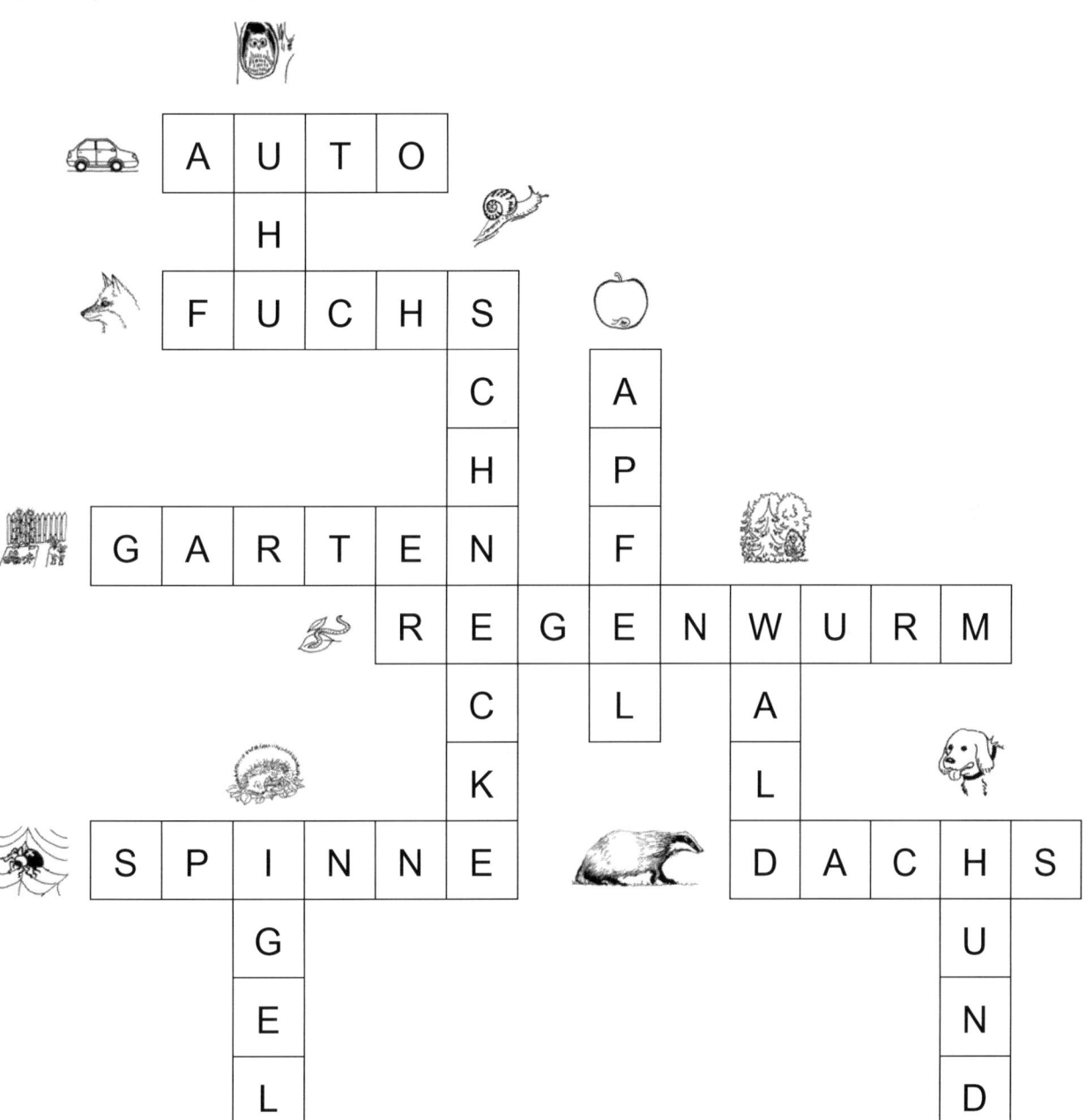

```
        A U T O
        H
    F U C H S
        C   A
        H   P
  G A R T E N F
      R E G E N W U R M
        C   L   A
        K       L
    S P I N N E   D A C H S
        G           U
        E           N
        L           D
```

Der Igel

Lies den Text und fülle die Lücken!
Die Wörter unten helfen dir.

Ton-Igel

Bastle den Ton-Igel nach der Anleitung!

Du brauchst:

- Ton
- Zahnstocher
- 2 kleine Steinchen für die Augen

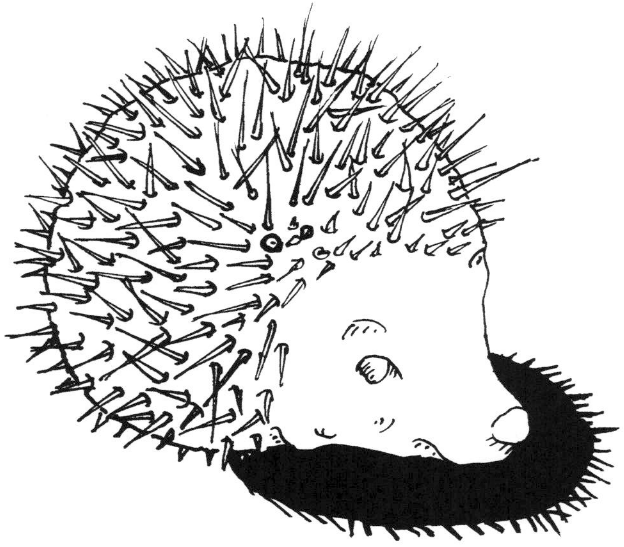

Was frisst der Igel?

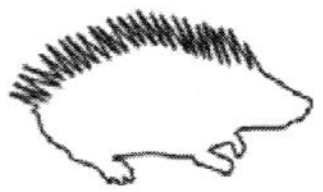

Lies den Text auf dem Arbeitsblatt 2!
Schreibe auf die Linien, was der Igel gern frisst!
Nimm dann das Arbeitsblatt 3!
Streiche durch, was der Igel nicht frisst!

Laufigel

Bastle den Laufigel nach der Anleitung!
Du brauchst:

- Igelschablone, Zahnradschablone
- brauner Karton
- Stift
- Schere
- Musterklammer

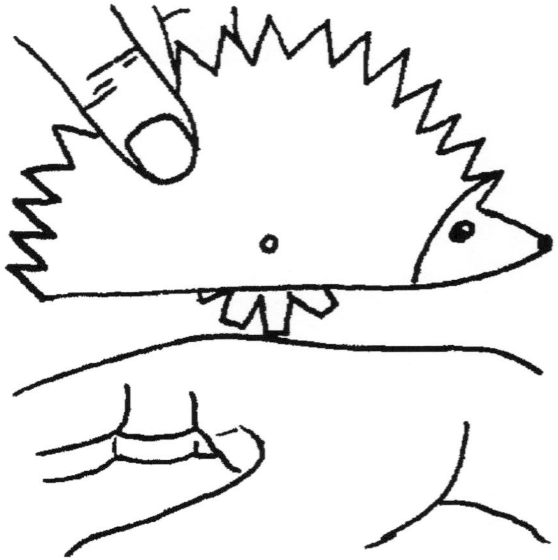

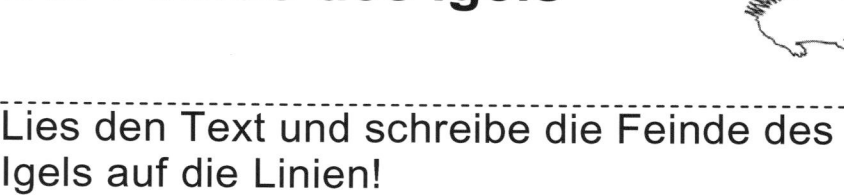

Die Feinde des Igels

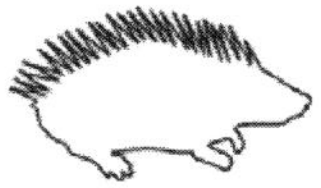

Lies den Text und schreibe die Feinde des Igels auf die Linien!

3 / zu AB 4

Memory

Spiele mit anderen Kindern das Memory!

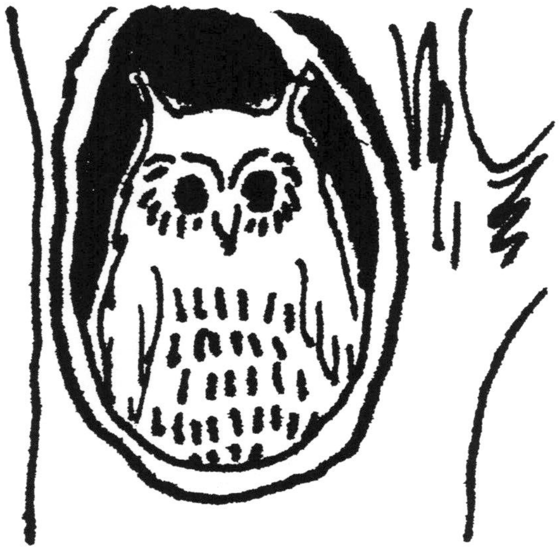

26 / zu AB 26

Verhalten bei Gefahr

Was macht der Igel, wenn er in Gefahr ist?
Ist das eine gute Idee?
Überlegt gemeinsam und spielt es einander vor!

Igel-Domino

Spiele mit anderen Kindern das Domino!

Igelnachwuchs

Lies die Satzteile!
Schneide sie aus und setze sie richtig zusammen!
Kontrolliere und schreibe sie dann in dein Heft!

Puzzle

Wähle ein Bild und male es aus!
Klebe es auf einen Karton und zerschneide es mit geraden Schnitten! Achtung! Pass auf, dass es nicht zu kleine Stücke gibt!
Setze das Puzzle wieder zusammen!

Wohnort

Lies den Text und schau das Bild genau an!
Zähle die Igel!
Male das Bild aus!

Kreuzworträtsel

Löse das Kreuzworträtsel!

Bildbeschreibung

Schau dir das Arbeitsblatt 7 (Wohnort) genau an und schreibe in dein Heft:
- Wo sind die Igel?
- Was machen sie?

Beispiel:
Der kleine Igel zwängt sich durch den Zaun.

7 / zu AB 7

Wanderdiktat

Zerschneide die Satzstreifen und verteile sie im Klassenzimmer!
Gehe zu einem Streifen, lies den Satz und präge ihn dir ein!
Schreibe ihn dann an deinem Platz ins Heft!
Kontrolliere anschließend!

22 / zu AB 21 und AB 22

Was stimmt?

Achtung:
Dieses Arbeitsblatt kannst du erst gegen Ende der Werkstatt bearbeiten.

Überlege, welches Satzende richtig ist, und kreuze es an!

Was für eine Geschichte!

Was denken die beiden Igel?
Wie geht es weiter?
Schreibe eine Geschichte in dein Heft!

Stimmt – stimmt nicht

Achtung:
Dieses Arbeitsblatt kannst du erst gegen Ende der Werkstatt bearbeiten.

Lies die Sätze genau!
Setze dann deine Kreuze!

Mmh, feine Schnecke!

Lies die Anleitung und male das Bild aus!

10 Unterschiede

Finde die 10 Unterschiede!
Zeichne die fehlenden Dinge in das untere Bild!
Wenn du möchtest, kannst du das Bild ausmalen.

Rätsel

Lies die Gedichte und schreibe die Lösungen auf die Linien!
Lerne ein Gedicht auswendig!

Der Hase und der Igel

Lies die Geschichte!
Übt die Geschichte zu dritt als kleines Theaterstück ein!
Spielt es der Klasse vor!

Da lachen die Igel

Lies das Gedicht!
Lerne es auswendig!

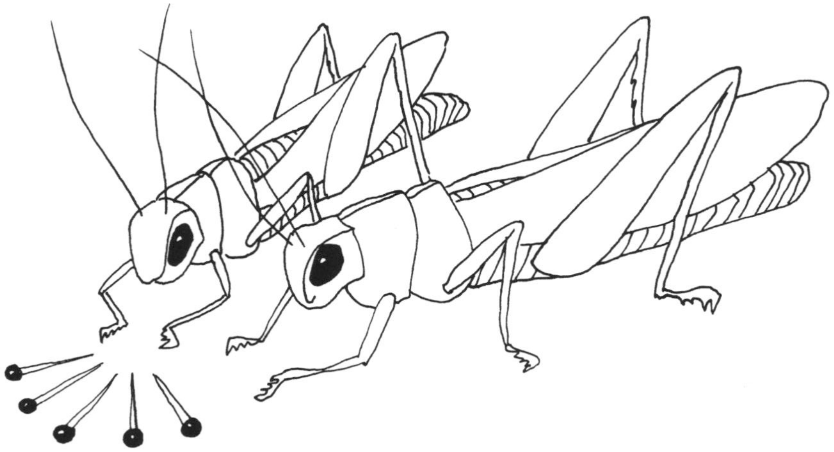

Der Igel und die Straße

Schneide die Bilder von Arbeitsblatt 14 aus!
Lege sie in der richtigen Reihenfolge und
erzähle die Geschichte!

Schneide jetzt die Sätze von Arbeitsblatt 15
aus! Lies sie und lege sie zum richtigen Bild!
Kontrolliere und klebe dann Bilder und Sätze
auf ein Blatt!

Igelgedicht

Lies das Gedicht!
Lerne es auswendig!

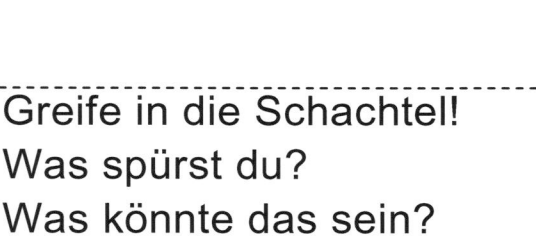

Geschichte hören

Höre die Geschichte an und erzähle jemandem, was du gehört hast!

13

Tasten

Greife in die Schachtel!
Was spürst du?
Was könnte das sein?

16

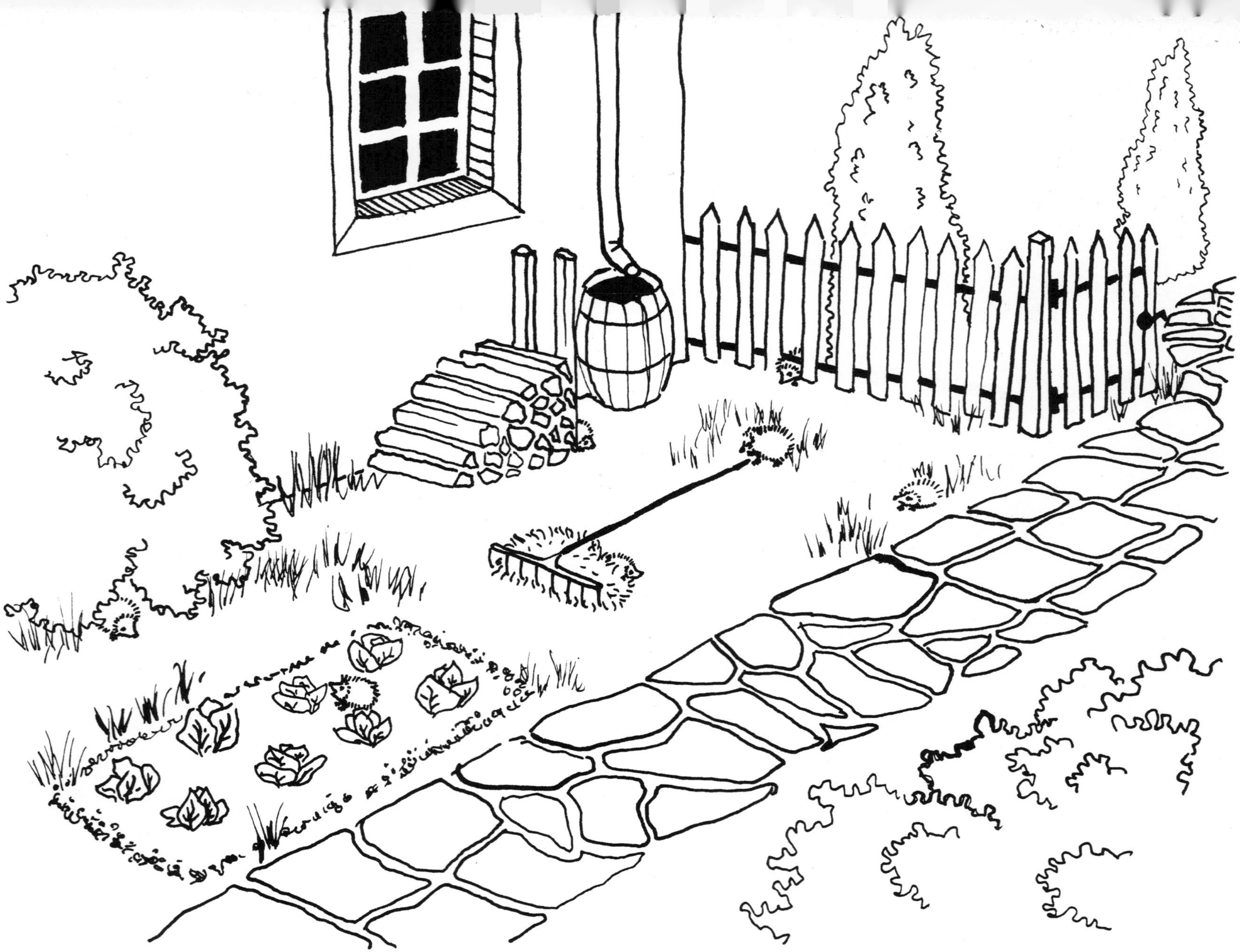